FÉLIX
DE VERNEILH

NOTICE BIOGRAPHIQUE

PAR

L'ABBÉ ARBELLOT

CURÉ-ARCHIPRÊTRE DE ROCHECHOUART
CHANOINE HONORAIRE DE LIMOGES

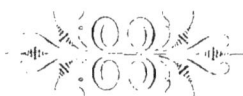

LIMOGES

IMPRIMERIE DE CHAPOULAUD FRÈRES
Rue Montant-Manigne, 7

—

1865

FÉLIX DE VERNEILH

NOTICE BIOGRAPHIQUE (1)

I.

MESSIEURS,

J'avais trop présumé de mes propres forces en me chargeant d'écrire la biographie de M. Félix de Verneilh. Les sentiments de haute estime que sa science et son talent m'inspiraient, la sincère amitié que j'éprouvais pour un si noble caractère, les rapports que l'archéologie avait établis entre nous depuis près de vingt ans, m'avaient fait accepter avec empressement d'être son biographe; mais, quand j'ai voulu mettre la main à l'œuvre, je me suis aperçu que je m'étais fait illusion, et qu'il me serait difficile d'être à la hauteur de mon sujet. — Sans doute je pourrai donner, d'une manière plus ou moins complète, le catalogue méthodique, chronologique, de ses ouvrages et des nombreux mémoires qu'il a publiés dans diverses Revues savantes; — mais, pour apprécier dignement ses écrits et l'influence qu'il a exercée dans le mouvement archéologique contemporain, je sens mon impuissance, et j'avoue humblement ma trop grande infériorité. Je suis contraint toutefois de passer outre; et, après cet aveu indispensable, que me dicte la conscience, et que je dois à la vérité, je vais m'efforcer d'esquisser la vie académique de notre illustre et regretté collègue.

II.

Félix DE VERNEILH naquit au château de Puyraseau près Nontron (Dordogne) le 21 octobre 1820. Il était fils du baron de Verneilh-Puyraseau et de dame Chassaignac de La Berthonie. Sa famille, originaire du Limousin, tire son nom du village de Verneilh, situé dans la commune de Nexon (Haute-Vienne).

(1) Cette notice a été lue à la Société Archéologique et Historique du Limousin dans sa séance du 25 juillet 1865.

Un de ses ancêtres, Jean de Verneilh était, en 1600, sieur de L'Age et co-seigneur de Nexon. Son aïeul, le baron Joseph de Verneilh, alla s'établir près de Nontron (1) par son mariage avec Christine de La Vallade, héritière du domaine de Puyraseau. Après avoir été député de la Dordogne à sept législatures, préfet de la Corrèze et du Mont-Blanc, président de chambre à la Cour royale de Limoges ; après avoir rédigé un projet de code rural, la Statistique du Mont-Blanc, M. de Verneilh-Puyraseau avait consacré les dernières années de sa vie à écrire, en trois volumes pleins d'érudition, l'Histoire et la Description de l'Aquitaine. M. Félix de Verneilh avait hérité des goûts savants de son aïeul.

Il fit ses études au lycée de Limoges, et les termina à Paris. A seize ans, il suivait les cours de l'école de droit, et en même temps il cultivait et développait le goût inné et le penchant héréditaire qui le portaient aux travaux historiques et archéologiques. En 1839, entre deux examens de l'école de droit, il entreprit seul son premier pèlerinage archéologique à Amiens et à Beauvais, pour y étudier ces monuments célèbres dont il a eu souvent l'occasion de s'occuper depuis.

C'est dans le journal *l'Univers,* alors rédigé par Louis Veuillot, que M. de Verneilh fit imprimer ses premiers essais. Il y publia quelques feuilletons archéologiques, dans lesquels son talent précoce commençait à se révéler. Il n'avait alors que dix-neuf ans !

Vers cette époque, il contracta avec MM. Didron et le baron de Guilhermy une liaison qui ne fit que se resserrer par la suite : c'est avec eux, avec le regrettable M. Lassus, qu'il fit beaucoup d'excursions du même genre, d'abord à Paris et aux environs, puis à Reims, à Chartres, à Rouen, à Senlis, à Soissons, Laon, etc.

Avec de pareils guides, avec des spécimens aussi complets de art chrétien, M. de Verneilh fut bientôt initié à la terminologie et à la science archéologiques, et il y fit de rapides progrès. L'archéologie avait d'autant plus d'attrait qu'elle était alors à son berceau : tout était neuf dans ce vaste champ ouvert aux intelligences. Il s'éprit pour cette science nouvelle d'un zèle et d'une ardeur qui ne se sont jamais ralentis.

(1) Nontron faisait partie de la province du Limousin avant la révolution.

III.

Dès cette époque , M. de Verneilh , qui utilisait ses séjours en province par des études archéologiques sur les monuments du voisinage , fut frappé de la ressemblance qu'offrait Saint-Front de Périgueux avec les gravures qui représentent Saint-Marc de Venise. Il reconnut également l'existence dans la Dordogne et les départements voisins de toute une série de monuments byzantins à coupoles. L'idée mère de l'ouvrage le plus considérable qu'il ait publié germa dès lors dans son esprit : il prit acte de ses premières découvertes , et exposa le plan d'un ouvrage étendu sur *l'Architecture byzantine en France* dans une Notice adressée au Comité des Arts et Monuments , et imprimée, en 1840, dans le premier volume du Bulletin publié par ce Comité.

A partir de ce moment , et pendant qu'il remplissait , grâce à de petits voyages , parfois infructueux , le programme qu'il s'était tracé , M. de Verneilh fit diverses communications au Comité des Arts , dont il fut correspondant jusqu'à sa réorganisation , en 1848.

Lorsque M. Didron créa , en 1844 , les *Annales archéologiques*, M. de Verneilh , tout jeune encore , se trouva parmi les fondateurs de cette savante revue (1).

IV.

Il y a publié de nombreux mémoires, formant deux séries distinctes.

La première est relative à l'origine française de l'architecture ogivale (2). Il faut y rattacher deux articles sur la véritable signification du mot *ogive* (3), et sur les épures ou dessins de grandeur d'exécution gravés sur les terrasses de la cathédrale de Limoges (4). Les mêmes idées ont été appliquées à l'histoire du plus glorieux monument de l'Allemagne, dans une étude archéologique

---

(1) Nous avons puisé une partie des détails qui précèdent dans l'*Annuaire de l'Institut des Provinces*, année 1861, p. 489.

(2) *Annales archéologiques*, T. III, p. 1 et 156.

(3) *Ibid.*, T. I, p. 208.

(4) *Ibid.*, T. VI, p. 139.

sur la cathédrale de Cologne, où M. de Verneilh établit nettement la parenté de cet édifice non-seulement avec la cathédrale d'Amiens, mais avec celle de Beauvais et avec la Sainte-Chapelle de Paris (1).

Ce travail, complété par deux lettres de M. le baron de Roisin et de M. S. Boisserée, a été tiré à part, et forme sous ce titre : *la Cathédrale de Cologne,* une splendide brochure de 80 pages in-4°, avec plusieurs gravures sur acier (2).

Dans cet ouvrage, M. Félix de Verneilh a mis en relief une importante conclusion : c'est que le système ogival est né à Paris, ou près de Paris, dans l'Ile-de-France, vers le dernier tiers du XIIe siècle. Par cela même il a réduit les étrangers à leur rôle de copistes ou d'imitateurs. « Grand nombre d'écrivains, d'après un savant illustre, M. Boisserée, voulaient voir dans la cathédrale de Cologne le prototype, le modèle inspirateur des édifices en ogive. Cet édifice colossal a été, malgré son étendue, replacé à un rang secondaire. Son chœur, la partie ogivale la plus ancienne, reproduit la disposition et même l'ornementation des chœurs d'Amiens, de Beauvais, de Limoges, et ces édifices leur sont presque tous antérieurs (3). »

Parallèlement à ses recherches sur l'architecture ogivale religieuse, M. de Verneilh publia, de 1846 à 1848, une seconde série d'articles sur l'architecture civile du moyen âge dans le sud-ouest de la France, et notamment sur les villes neuves du XIIIe siècle à plans réguliers et uniformes qui se trouvent en si grand nombre dans cette région de la France (4).

Cette série s'était successivement accrue et complétée en 1856 et 1860 par quatre articles sur les ponts, les fontaines et autres travaux d'utilité publique (5). M. F. de Verneilh se proposait de réimprimer ces articles avec des documents et des dessins inédits, et d'en faire un volume de 200 pages, entièrement consacré à l'architecture civile du sud-ouest de la France.

Dans les *Annales archéologiques,* M. de Verneilh a publié plus tard :

Un compte-rendu du grand ouvrage de M. le comte Melchior de Vogué sur les églises de la Terre-Sainte (6) ;

(1) *Annales archéologiques,* T. VII, p. 57 et 225 ; — T. VIII, p. 117.
(2) Paris, chez Didron, 1848.
(3) L'ABBÉ TEXIER, *Bullet. archéol.,* T. IV, p. 22.
(4) *Annales archéologiques,* T. IV, p. 171-174 ; — T. VI, p. 71-88 ; — T. X, p. 270 ; — T. XI, p. 335 ; — T. XII, p. 24.
(5) *Ibid.,* T. XVI, p. 292 ; — T. XX, p. 98 et 142.
(6) *Ibid.,* T. XX, p. 21.

Le Style ogival en Italie (1) : cet article devait avoir une suite, qui n'a pas été imprimée ;

L'Art du moyen âge et des causes de sa décadence; réponse à M. Renan (2) : cet article a été tiré à part, et un savant rédacteur du journal *le Monde*, M. Léon Gautier, en a fait un compte-rendu dans le numéro du 14 octobre 1862 ;

Le premier des Monuments gothiques (3) ;

Le Style ogival en Angleterre et en Normandie (4) : une série d'articles sur ce sujet a continué de paraître, après sa mort, dans les *Annales archéologiques*.

V.

Nous avons énuméré, pour n'avoir pas à revenir sur ce point, les divers mémoires qu'il a publiés pendant vingt ans dans les *Annales archéologiques* depuis 1844 jusqu'à sa mort. Reprenons maintenant les choses de plus haut.

En 1847, une circonstance heureuse vint imprimer une nouvelle activité à son zèle, et donner à son savoir un plus grand relief et un théâtre plus étendu.

Cette année, M. de Caumont présida pendant quelques jours les séances d'un congrès à Angoulême et à Limoges.

Vous connaissez, Messieurs, l'influence que M. de Caumont a exercée sur le développement des études scientifiques en province. Ce sera une des gloires du père de l'archéologie contemporaine d'avoir donné la première impulsion à ce mouvement, qui a eu de si féconds résultats, et qui va croissant tous les jours. C'est à lui qu'un grand nombre d'archéologues doivent leur *vocation;* c'est lui qui, en stimulant les savants de la province; en donnant de la publicité à leurs œuvres, de la renommée à leurs écrits, de l'éclat à leur nom; en dirigeant leur activité vers un but commun; en les mettant en rapport les uns avec les autres dans ces tournois pacifiques de la science qu'on appelle des congrès, a contribué à faire naître et fleurir dans la plupart de nos départements des sociétés historiques et archéolo-

(1) *Annales archéologiques*, livraison mars-avril 1861.
(2) *Ibid.*, livraison mai-juin 1862.
(3) *Ibid.*, janvier-février et mai-juin 1863.
(4) *Ibid.*, septembre-octobre 1864 et livraisons suivantes.

giques, où figurent de vrais savants, qui, sans son initiative, auraient consumé inutilement leur vie dans l'oubli et l'oisiveté.

M. de Verneilh parut avec honneur dans les Congrès d'Angoulême et de Limoges, où sa science précoce fut justement remarquée : c'est là qu'il se lia d'une étroite amitié avec M. de Caumont et MM. Charles des Moulins et Léo Drouyn, de Bordeaux. C'est à partir de cette époque que, devenu inspecteur divisionnaire de la Société Française d'Archéologie pour la Haute-Vienne et la Creuse, puis membre de l'Institut des Provinces, il prit une part active à la rédaction du *Bulletin monumental* publié par M. de Caumont. Nous donnerons plus loin la liste des savants mémoires qu'il a insérés dans cet important recueil.

M. de Verneilh a publié, dans le compte-rendu du Congrès de Limoges, une étude archéologique fort remarquable sur le château de Chalusset. C'est lui qui servit de guide et de *cicerone* aux membres du Congrès dans la visite qu'ils firent à ces magnifiques ruines ; c'est ce jour-là que nous eûmes l'honneur de lier connaissance avec notre regretté collègue et avec M. Jules de Verneilh, l'habile dessinateur qui a enrichi les ouvrages de son frère de gravures si remarquables par l'élégance et la fidélité.

VI.

L'ouvrage capital de M. Félix de Verneilh, son titre le plus glorieux aux yeux de la postérité, c'est *l'Architecture byzantine en France*.

C'est en 1852 que parut ce livre, auquel il travaillait depuis dix années.

Cet ouvrage se divise en deux parties : la première est une monographie complète de Saint-Front de Périgueux ; la seconde renferme une statistique de nos églises à coupoles sur pendentifs sphériques analogues à celles de l'Orient, et donne des notions sur une variété curieuse du style ogival qui paraît être née en Anjou sous l'influence des coupoles de Fontevrault. M. de Verneilh y précise et, par suite, y réduit considérablement la part faite jusqu'à lui aux influences orientales dans les origines de notre architecture nationale.

Voici, du reste, l'énoncé des chapitres :

Permettez-moi, Messieurs, de vous citer le jugement que l'abbé
Texier porta sur ce livre au moment de sa publication :

« Notre collègue et compatriote M. Félix de Verneilh vient
de publier un de ces ouvrages qui font époque dans l'histoire de
la science. Déjà un des maîtres, M. de Caumont, proclame
que cette publication, la plus importante qui ait été faite depuis
plusieurs années par son sujet et sa forme, est un évènement
archéologique. Nous venons de relire ce travail considérable, dont
nous connaissions déjà le progrès et les conclusions : nous
sera-t-il permis d'en signaler à l'avance les résultats?...

» M. F. de Verneilh aura ce bonheur de fixer le sens du mot
byzantin appliqué à l'architecture...

» Le nom de *byzantin* sera désormais uniquement attribué aux
édifices évidemment inspirés de Byzance ou de Sainte-Sophie.
On les reconnaîtra aux caractères suivants : 1º voûtes uniquement formées de coupoles sphériques inscrites dans des
carrés rachetés par des pendentifs qui sont eux-mêmes des por-
tions de sphère; 2º absence d'appui extérieur; 3º rareté de
l'ornementation sculptée, remplacée presque toujours par des
peintures.

» Ces édifices, peu nombreux, forment une école qui a son
centre et son point de départ près de nous, à Périgueux, et
dont nous avons un type voisin à Solignac. Nous ne saurions
en quelques lignes analyser convenablement le travail profond
et patient qui amène cette conclusion en 300 pages remplies de
faits précis et d'études aussi profondes qu'étendues. M. Félix de
Verneilh recherche le point de départ de cette école orientale,

et décrit sa filiation. Saint-Front de Périgueux, merveilleuse copie, en matériaux français, de Saint-Marc de Venise, reproduit sa disposition, toutes ses formes et jusqu'à ses dimensions, le pied italien se trouvant traduit en pied français. Il faut lire dans l'ouvrage même les indications au moyen desquelles notre patient collègue suit l'influence de ce type, et le montre dégénérant d'âge en âge jusqu'au XIIIe siècle, et survivant encore en quelques monuments à travers les formes ogivales.

» Grâce à ce travail remarquable, on saura donc désormais :

» 1° Ce qu'il faut entendre par style byzantin ;

» 2° En quoi le style byzantin diffère du style roman ;

» 3° Comment une école byzantine d'architecture s'est établie en France ; — à quelle époque ; — quel est son point de départ ; — quelle est l'étendue de son action.

» Pour arriver à des conclusions si précises, une immense lecture n'a pas suffi. Les monuments de notre Aquitaine ont été analysés sur place par M. Félix de Verneilh avec la patience d'un anatomiste. Peu d'architectes, même parmi les plus instruits, ont pénétré si avant dans les lois de la construction à tous les âges. Et tous ces résultats si patiemment obtenus se produisent, avec les qualités toutes françaises d'une grâce et d'une urbanité exquises, en un style aussi rapide qu'élégant. Nous ne disons rien des côtés matériels de cette publication : le papier, l'impression, le tirage, rivalisent avec les plus magnifiques publications étrangères, et sur plusieurs points leur sont supérieurs. Tout le monde sait que Mackensie venait en France animer ses magnifiques dessins par des bonshommes dus au crayon de l'antiquaire Langlois. Les planches nombreuses dues à la collaboration fraternelle de M. Jules de Verneilh et au crayon brillant de M. Gaucherel n'ont pas besoin d'un secours étranger : on y trouve unies, à un rare degré, la fidélité archéologique des détails, la finesse du burin et une légèreté spirituelle qui n'appartiennent qu'à notre pays (1). »

Au mois de juillet 1852, M. de Verneilh nous écrivait à propos de cet ouvrage : « J'ai eu l'avantage de trouver un sujet complètement neuf et d'une importance réelle ; c'est sans doute un avantage aussi que de l'avoir laissé dix ou douze ans sur le métier, tantôt pour faire tel ou tel voyage, tantôt pour attendre mes dessins, puis mes gravures. J'ai eu ainsi tout le temps de la réflexion ; et, quoique mes recherches n'aient pas été parfaitement complètes, j'espère ne m'être pas trompé sur les points principaux. J'aurai, dans ce cas, rendu un vrai service à la science archéologique en montrant l'influence byzantine là où elle est. M. Albert Lenoir lui-même, qui connaît à fond.l'art de l'Orient, voyait cette influence là où elle n'est guère, et à la fois plus grande et plus vague qu'elle ne l'est. Pour lui elle existait surtout dans les rotondes, comme l'a prouvé le dernier numéro des Annales (1). »

Un membre de l'Académie Française, M. Vitet, fit paraître, dans le *Journal des Savants* (2), une série d'articles d'une critique très-bienveillante, mais très-sérieuse et très-approfondie, sur ce livre de *l'Architecture byzantine en France*, dont il n'adoptait pas les principales conclusions. — En réponse à ses observations, M. de Verneilh publia, en 1854, dans les *Annales archéologiques*, trois articles, qui ont été tirés à part, et forment une brochure considérable sous ce titre : *Des Influences byzantines : lettre à M. Vitet, de l'Académie Française* (3).

VII.

Nous avons dit déjà que, en 1847, au Congrès archéologique d'Angoulême et de Limoges, M. de Verneilh avait brillé par sa science précoce et ses aperçus ingénieux. Dans la suite, il prit une part active aux travaux de ces assises périodiques de la science.

En 1855, dans les Conférences archéologiques internationales convoquées à Paris, il traita avec M. le baron de Quast d'intéressantes questions ; il disserta notamment sur la date précise des cathédrales de Périgueux et d'Angoulême, contestée par M. le baron de Quast et par M. Parker (4). Ce dernier ne se tint pas pour battu, et, dans une lettre adressée à M. de Caumont l'année suivante, il soutint ses premiers dires relativement à la cathédrale de Perigueux (5).

En 1858, M. de Verneilh prépara, en qualité de secrétaire général, le Congrès archéologique de Périgueux, et présida à la publication des procès-verbaux des séances. Il prit la parole

(1) Puyrascau, 30 juillet 1852.
(2) Cahiers de janvier, février et mai 1853.
(3) Paris, chez Didron, 1855.
(4) *Bullet. monum.*, T. XXII, p. 521.
5) *Id.*, T. XXIII, p. 146.

dans la plupart des discussions, et, dans les questions relatives aux monuments du pays, la tour de Vésonne, l'église de Saint-Front, il montra quelle était l'étendue de son savoir, la nouveauté de ses aperçus et la sûreté de son coup d'œil archéologique.

L'année suivante, au Congrès scientifique de Limoges (septembre 1859), il fut élu président de la section d'Archéologie à l'unanimité des suffrages. Vous vous souvenez, Messieurs, de la part brillante qu'il prit aux discussions. Vous vous rappelez l'impression profonde que produisit sa Notice historique sur l'abbé Texier. Son opinion sur les émaux d'Allemagne et les émaux limousins ne fut alors contestée par personne ; mais, depuis, M. Ferdinand de Lasteyrie a soutenu la thèse contraire, plus honorable pour notre province et plus favorablement accueillie par l'opinion.

Voici comment s'exprimait le *Bulletin monumental* dans le compte-rendu du Congrès de Limoges. « L'éminent archéologue M. de Verneilh présidait la section d'Archéologie, et sa parole donnait à toutes les discussions un intérêt extraordinaire. Combien d'aperçus judicieux, d'idées neuves, M. de Verneilh a émis dans les discussions de sa section ! Combien il a su intéresser par le récit des richesses qu'il venait d'observer en Allemagne, accompagné du baron de Quast, inspecteur général des monuments de Prusse !... Les précieux documents donnés oralement par M. de Verneilh sur les églises à voûtes domicales observées par lui en Allemagne, sur diverses églises de France, notamment sur celle de Saint-Léonard (Haute-Vienne), ont été aussi avidement accueillis (1) ».

M. de Verneilh ne manquait jamais l'occasion de paraître dans ces tournois intellectuels, où il figurait toujours avec honneur. En 1860, au Congrès scientifique de Cherbourg, il fut encore élu président de la section d'Archéologie ; il prit une glorieuse part aux savantes discussions qui eurent lieu, notamment sur l'origine parisienne du style ogival.

En 1861, il fit partie de la commission chargée de préparer le Congrès scientifique de Bordeaux, et il fut nommé secrétaire-chef pour la section d'Histoire et d'Archéologie. Nous nous souvenons des savants aperçus qu'il donna au Congrès sur les bastides du Sud-Ouest, c'est-à-dire sur ces villes neuves, à plan régu-

(1) *Bulletin monumental*, T. XXV, p. 713.

lier et uniforme, qui se sont élevées au XIIIᵉ siècle dans le bassin
de la Garonne (T. II, p. 313). Il fit remarquer, contre l'opinion
commune, que l'influence anglaise était à peu près nulle sur
nos monuments d'Aquitaine (T. II, p. 325). Il traita savamment
cette question posée au Congrès : « La vraie date du cloître de
Moissac et de Saint-Sernin de Toulouse est-elle connue? » (T. II,
p. 345), et il a publié, dans le tome IV du Congrès, un mémoire sur ce sujet (p. 653). Il lut un court mémoire sur cette
autre question : « Existe-t-il au nord de la Loire et au sud de la
Garonne une seule église à série de coupoles? » (T. II, p. 347),
mémoire qu'il destinait à son second volume sur l'architecture
byzantine. Il traita encore la question de l'état primitif de la
nef de la primatiale de Bordeaux (p. 348). Le Congrès accueillit
favorablement le vœu qu'il formula en faveur du déblaiement
de l'amphithéâtre ou palais Gallien, et de la conservation de la
porte du Cailhau, menacée par un alignement et une rue pro-
jetés.

L'année suivante (1862), on retrouve M. de Verneilh au Congrès
de Saumur. Il présida une des séances (4 juin), et il fit une
conférence sur les influences byzantines en Anjou, conférence
qui se termina par une triple salve d'applaudissements
p. 308-317.

VIII.

Tout le monde comprend que, dans l'archéologie monumentale surtout, les voyages sont la condition indispensable d'une
science approfondie. Grâce à sa position indépendante et à sa
fortune personnelle, M. de Verneilh avait pu faire de fréquents
voyages; il avait pu observer sur place les nombreux monuments dont il parlait, et dont l'étude servait de base à ses
théories scientifiques. Il ne s'était pas borné à visiter, dans nos
diverses provinces, les églises ou édifices civils du moyen âge et
des époques antérieures : il avait voyagé dans les pays étrangers,
prenant partout des notes, des mesures, des croquis. En 1845, il
visitait Londres, Cantorbéry et une partie de l'Angleterre, com-
parant le style ogival anglais et le style ogival parisien. En
1847, il parcourait la Belgique et les bords du Rhin, et étudiait
surtout cette magnifique cathédrale de Cologne sur laquelle il
a écrit un travail si remarquable; en 1855 et 1856, il voyait
Constantinople, Athènes et l'Italie. En face des coupoles de

Sainte-Sophie de Byzance et de Saint-Marc de Venise, types de Saint-Front de Périgueux , il recueillait des notes pour le second volume de son *Architecture byzantine*, que la mort ne lui a pas permis de publier ; en 1859, il visitait la Westphalie et l'Allemagne du Nord, en compagnie de M. le baron de Quast, inspecteur général des monuments historiques de la Prusse, qui lui montrait les riches collections des émaux allemands. Nous nous souvenons que, à son retour d'un de ces lointains voyages, en lui écrivant pour le féliciter, nous lui faisions l'application de ces paroles qu'un écrivain sacré dit du véritable sage : « Il passera dans le pays des nations étrangères, étudiant chez tous les hommes le bien et le mal : *In terram alienigenarum gentium pertransiet : bona enim et mala in hominibus tentabit.* » (*Eccli.*, XXXIX, 5.)

IX.

Dans le *Bulletin monumental,* dirigé par M. de Caumont, M. de Verneilh a publié, depuis 1847 jusqu'à l'année qui a précédé sa mort, de nombreux et savants mémoires :

1° Une Note sur les églises à coupoles du Périgord (1) ;

2° Une Notice sur le château de Châlus et sur les circonstances de la mort de Richard Cœur-de-Lion (2) ;

3° Le compte-rendu d'une visite à la Sainte-Chapelle (3) ;

4° Une Lettre à M. de Caumont sur sa *Statistique monumentale du Calvados* (4) ;

5° Un Mémoire sur les origines de l'art ogival et de l'art roman, en réponse aux questions posées par M. Parker (5), dans lequel il établit que le style ogival est né *dans la région de Paris,* et non en Angleterre ou en Normandie ;

6° Une Dissertation sur les dates précises des cathédrales de Périgueux et d'Angoulême , contestées par le baron de Quast et par M. Parker dans les conférences archéologiques internationales convoquées à Paris en 1855 (6 ;

7° Un Mémoire sur les fortifications romaines, byzantines et génoises de Constantinople , avec plans et dessins (7) ;

(1) *Bulletin monumental*, 1847, p. 543.
(2) *Ibid.*, 1848, p. 426.
(3) *Ibid.*, 1850, p. 141.
(4) *Ibid.*, 1850, p. 413.
(5) *Ibid.,* 1855, p. 105.
(6) *Ibid.*, 1856, p. 521.
(7) *Ibid.*, 1858, p. 361.

8° Une Étude sur les émaux d'Allemagne et les émaux limousins en collaboration avec M. le baron de Quast, inspecteur général des monuments historiques de la Prusse, étude lue au Congrès scientifique de Limoges au mois de septembre 1859 (1), et dont les conclusions ont été combattues par M. Ferdinand de Lasteyrie ;

9° Un article sur l'ouvrage de M. de Roisin intitulé : *la Cathédrale de Trèves* (2) ;

10° *Les Émaux français et les Émaux étrangers*, mémoire en réponse à M. le comte F. de Lasteyrie, lu à la séance de la Société Archéologique de Limoges le 28 novembre 1862 (3).

X.

M. de Verneilh était un des fondateurs du *Chroniqueur du Périgord*, revue mensuelle consacrée à la littérature et à la science. Nous allons indiquer divers articles qu'il y a publiés :

1° *Colonie vénitienne de Limoges* (4) ;

2° *Les Bastides du Périgord* (5) ;

3° *Lettres à M. de Siorac sur les monuments de Périgueux* (6) ;

4° *Promenades en Périgord* (7) ;

5° *Note sur divers objets découverts dans la restauration de Saint-Front* (8) ;

6° *Peintures murales du château de Rochechouart* (9) ;

7° *Des abords de Saint-Front* (10).

Voici maintenant la liste des Mémoires qu'on trouve dans le Bulletin de la Société Archéologique du Limousin :

1° *Maisons anciennes du Limousin* (11), emprunté aux *Annales archéologiques* (12) ;

(1) *Bulletin Monumental*, 1860, p. 109 et 205.
(2) *Ibid.*, 1861, p. 634.
(3) *Ibid.*, 1863, p. 113 et 225.
(4) *Chroniq. du Périgord*, année 1853, T. I, p. 19.
(5) *Ibid.*, T. I, p. 46, 52.
(6) *Ibid.*, T. 1, p. 84.
(7) *Ibid.*, T. I, p. 117, 161 (article de M. Jules de Verneilh).
(8) *Ibid.*, T. I, p. 264.
(9) *Ibid.*, année 1854, T. II, p. 253.
(10) *Ibid.*, année 1855, T. III, p. 49.
(11) *Bulletin archéologique*, T. 1, p. 170.
(12) *Annales archéologiques*, T. IV, p. 165.

2° *Peintures murales du château de Rochechouart* (1), emprunté au *Chroniqueur du Périgord ;*

3° *Notice biographique sur l'abbé Texier* (2) ;

4° *Les Émaux d'Allemagne et les Émaux limousins*, mémoire en réponse à M. le comte de Lasteyrie (3);

5° *Notice sur l'oppidum gaulois de Courbefy* (4), oppidum qu'a découvert M. de Verneilh.

XI.

« Le style c'est l'homme », a dit Buffon, et, en donnant cette définition, il n'a fait que reproduire une pensée d'un Père de l'Église : « La parole de l'homme est le miroir de son âme : *Sermo enim viri mentis est speculum* (5) ». Le style de M.de Verneilh, « d'une pureté classique, d'une gravité magistrale et d'une exquise distinction, qui n'était que la traduction des habitudes de son langage et de sa vie, son style, quand le sujet s'y prêtait, savait revêtir tous les charmes de l'élégance et du goût. On ne lira pas ses ouvrages uniquement pour apprendre : on les lira aussi pour le plaisir de les lire, et c'est pourquoi ils resteront. Ils resteront, parce qu'ils sont les fruits d'une vie consacrée tout entière au travail consciencieux, parce qu'ils portent l'empreinte d'un travail sérieux, et qu'ils sont les productions d'une âme souverainement honnête, dont tout ce qui est faux et mauvais excitait la répulsion franche et sévère, dont tout ce qui est estimable et vrai avait conquis les chaudes et constantes sympathies (6). »

XII.

Après avoir parlé des grandes qualités du savant et de l'écrivain, pourrions-nous passer sous silence les qualités de l'homme privé? Que dirons-nous de la bienveillance de son caractère, qui le faisait aimer de tous, et qui l'avait rendu si *populaire* dans sa contrée? Que dirons-nous de cette urbanité

(1) *Bulletin archéologique*, T. V, p. 262.
(2) *Ibid.*, T. XI, p. 107.
(3) *Ibid.*, T. XIII, p. 1.
(4) *Ibid.*, T. XIII, p. 83
(5) Saint Paulin de Nole : *Epistol.* XIII *ad Pammach.*
(6) Charles des Moulins, *Guienne* du 12 octobre 1864.

exquise qu'il apportait dans les discussions, et le faisait estimer
de ses adversaires? On peut lui appliquer les paroles qu'il
disait de l'abbé Texier : « Ce confrère modeste et bon qui, dans
le *monde irritable* des antiquaires, n'a jamais perdu un ami (1) ».

M. Félix de Verneilh ne s'était pas marié : il aimait à dire
que, ayant deux compagnes, l'archéologie et l'agriculture, il
ne pouvait prendre charge d'une troisième (2). On comprend
que, avec cette passion pour la science et les voyages archéologiques, le célibat lui laissait plus d'indépendance et de
liberté ; et d'ailleurs il retrouvait les joies de la famille au
château de Puyraseau.

C'est peut-être cette passion pour l'étude qui a occasionné
cette maladie de langueur dont l'issue devait être si funeste. En
vain tous les secours lui furent prodigués : des symptômes
étranges et contradictoires déconcertaient la science et rendaient
inutiles les soins les plus intelligents et les plus affectueux.

XIII.

En terminant, Messieurs, permettez-moi de me souvenir du
caractère dont je suis revêtu, et de dire que M. de Verneilh a dignement couronné cette vie savante et laborieuse par une mort
chrétienne.

Quand nous avons annoncé, dans le journal *le Monde* (3), la
mort prématurée de notre savant collègue, nous disions : « A
une haute intelligence et un vaste savoir, rehaussés par une mo-
destie sincère, M. de Verneilh unissait une bienveillance et une
douceur de caractère qui lui conciliaient toutes les affections.
Dans la force de l'âge et du talent, il a été enlevé à une noble
famille dont il faisait la joie et l'orgueil. Après deux mois de
cruelles souffrances, il a rempli ses devoirs de chrétien avec un
calme, une sérénité d'âme et une ferveur admirables. La veille
de sa mort, il reçut le Saint-Viatique et l'Extrême-Onction, ré-
pondant lui-même aux prières du prêtre, et édifiant par sa piété
les assistants, qui fondaient en larmes. Le lendemain (28 septembre 1864), il s'éteignait sans agonie. Les derniers devoirs lui
ont été rendus, le 29 septembre, dans l'église de Pluviers (Dor-

(1) *Congrès de Limoges*, T. I, p. 417.
(2) CH. DES MOULINS, *Guienne*, 12 octobre 1864.
(3) *Monde*, 8 octobre 1864.

dogne). Tout le pays, sans exception, avait tenu à honneur de l'accompagner à sa dernière demeure. Le clergé de quinze paroisses était venu spontanément mêler ses prières et ses larmes à celles de sa famille désolée, et rendre un suprême hommage au savant qui avait réhabilité l'art chrétien, et qui pouvait dire avec le psalmiste : « Seigneur, j'ai aimé la beauté de votre maison ! » (Ps. XXV, 8).

XIV.

La Société Française d'Archéologie, qui perdait en lui un de ses dignitaires et un de ses membres les plus distingués, avait eu d'abord la pensée de recueillir dans son sein une souscription pour élever un monument sur la tombe du savant archéologue, dans l'humble cimetière de campagne où il est inhumé. Cette idée avait été accueillie avec empressement, et M. de Caumont s'en était fait l'organe. Quand on a annoncé que la chapelle du château de Puyraseau, à la construction de laquelle M. de Verneilh avait présidé avec M. Jules de Verneilh, son frère, recevrait plus tard ses dépouilles mortelles, la Société Française a dû renoncer à ce projet.

Mais cette année, pendant le Congrès des délégués des Sociétés savantes, réuni à Paris au palais de la Société d'Encouragement, les nombreux amis de M. de Verneilh ont proposé d'ériger un buste à sa mémoire dans le musée de Périgueux, auprès de cette cathédrale de Saint-Front qu'il a fait connaître au monde archéologique. Cette proposition a été chaleureusement accueillie, et une souscription a été ouverte immédiatement.

M. de Coëffard, un des auteurs du nouveau fronton de la Bourse de Bordeaux, et lauréat de l'Académie de cette ville, a été chargé par le Comité de sculpter ce buste en marbre blanc de Carrare.

La Société Archéologique du Limousin ne pouvait manquer de payer son tribut à la mémoire de Félix de Verneilh. Elle s'est associée par une souscription à l'érection de ce monument. Mais les œuvres du savant écrivain seront un monument plus durable (1).

L'abbé ARBELLOT.

(1) Nous espérons que M. Jules de Verneilh publiera les précieux manuscrits qui sont entre ses mains.

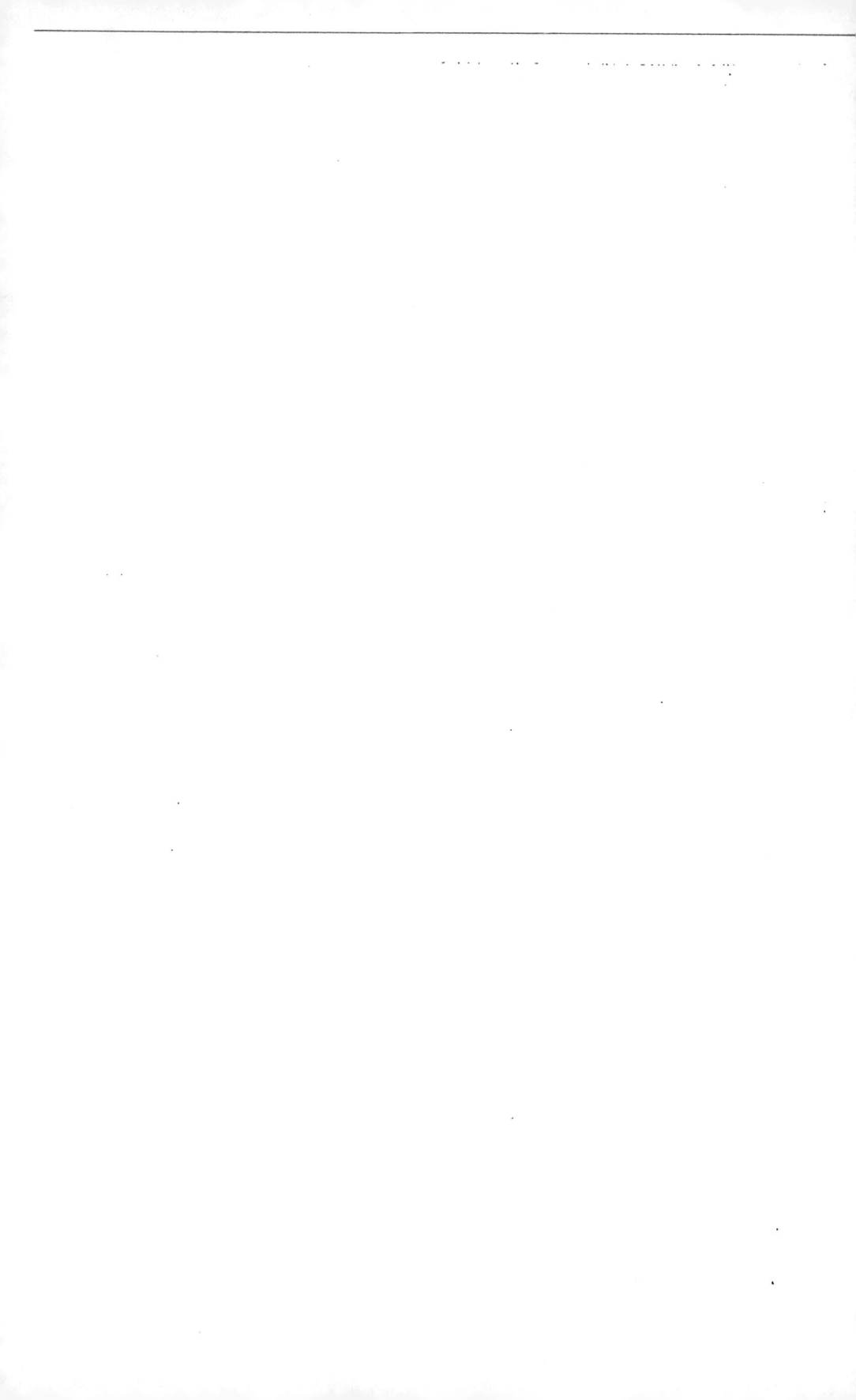

OUVRAGES DU MÊME AUTEUR.

NOTICE SUR LE TOMBEAU DE SAINT-JUNIEN, avec trois planches. — Limoges, Chapoulaud frères, 1847.

CHRONIQUE DE MALEU, chanoine de Saint-Junien, mort en 1322 (*Chronicon Comodoliacense*), suivie de DOCUMENTS HISTORIQUES SUR LA VILLE DE SAINT-JUNIEN, in-8° de 264 pages. — Saint-Junien, chez Barret, 1848. — Prix : 3 fr.

CHATEAU DE CHALUSSET : description et documents historiques, suivis de quelques Notes sur l'abbaye de Solignac, in-8°. — Limoges, chez Ardillier fils, 1851.

HISTOIRE DE LA CATHÉDRALE DE LIMOGES, première partie, in-8° de 80 pages, 1852. — A Paris, chez Lecoffre. — Prix, 1 fr. 50 c.

REVUE ARCHÉOLOGIQUE DE LA HAUTE-VIENNE, ou Guide des voyageurs en Limousin, in-12 de 283 pages. — Limoges, chez Ducourtieux, 1854, 2e édition. — Prix : 1 fr. 50 c.

DISSERTATION SUR L'APOSTOLAT DE SAINT MARTIAL ET SUR L'ANTIQUITÉ DES ÉGLISES DE FRANCE, grand in-8° de 256 pages. — A Paris, chez Lecoffre, 1855. — Prix : 4 fr.

PIERRE LE SCOLASTIQUE, ou Fragments d'un poème de saint Martial (Xe siècle), recueillis et publiés pour la première fois. — A Paris, chez Lecoffre, 1857. — Prix : 1 fr. 50 c.

LES TROIS CHEVALIERS défenseurs de la cité de Limoges en 1370. — Paris, Lecoffre, 1858. — Prix : 1 fr.

BIOGRAPHIE DE FRANÇOIS DE ROUSIERS, gentilhomme limousin du XVIe siècle, grand in-8° de 100 pages. — A Paris, chez Lecoffre, 1859. — Prix : 2 fr.

DOCUMENTS INÉDITS SUR L'APOSTOLAT DE SAINT MARTIAL ET SUR L'ANTIQUITÉ DES ÉGLISES DE FRANCE, in-8° de 96 pages, avec trois planches lithographiées. — A Paris, chez Lecoffre, 1860. — Prix : 2 fr. 50 c.

TABLEAU DES ÉVÊQUES DE LIMOGES, par l'abbé Nadaud, continué jusqu'à nos jours, in-folio. — Limoges, chez Leblanc, 1860. — Prix : 60 c.

VIE DE SAINT LÉONARD, solitaire en Limousin, ses miracles et son culte, in-8° de 320 pages. — A Paris, chez Lecoffre, 1863. — Prix : 4 fr.

www.ingramcontent.com/pod-product-compliance
Lightning Source LLC
Chambersburg PA
CBHW060203070426

42447CB00033B/2421